Yvonne Thalheim / Harald Nadolny

Ravensburger® Hobbykurse

Emaillieren

Techniken und Beispiele

Otto Maier Ravensburg

Alle in diesem Buch veröffentlichten Abbildungen und Modelle sind urheberrechtlich geschützt und dürfen nur mit ausdrücklicher schriftlicher Genehmigung des Verlages und der Urheber gewerblich genutzt werden.

CIP-Titelaufnahme der Deutschen Bibliothek

Thalheim, Yvonne:
Emaillieren: Techniken u. Beispiele /
Yvonne Thalheim; Harald Nadolny. –
Ravensburg: Maier, 1988.
   (Ravensburger Hobbykurse)
   ISBN 3-473-45690-X
NE: Nadolny, Harald:

© 1988 Ravensburger Buchverlag Otto Maier GmbH
Alle Rechte vorbehalten
Fotos: von den Autoren, Foto Seite 8 und 9: Bildarchiv Preussischer Kulturbesitz, Berlin
Satz: E. Weishaupt, Meckenbeuren
Gesamtherstellung: Himmer, Augsburg
Printed in Germany

91 90 89 88   4 3 2 1

ISBN 3-473-45690-X

Inhalt

5	*Einleitung*
10	*Die Metalle*
12	*Die Emailsorten*
14	*Der Brennofen und die Brennwerkzeuge*
18	*Werkzeug und Material*
20	*Vorbereitende Arbeiten*
22	*Die Nachbehandlung*
24	*Farbtests*
25	*Gegenemail*
26	*Tips und Hinweise*
30	*Schablonentechnik*
38	*Stegemail*
46	Ziehtechnik
46	Dekorbildtechnik
47	Stücken- und Splitteremail
47	Kugel- und Fadenemail
50	Naßauftrag
50	Tausendblümchen
51	Sgraffitotechnik
51	Blattfolienemail
54	Schwenktechnik
54	Grubenschmelz
55	Emailmalerei
55	Haftmitteltechnik
58	*Emailarbeiten mit Stein, Glas und Metall*
60	*Fehlerquellen*
64	*Anhang*

Einleitung

Liebe auf den zweiten Blick

„Das einfach Schöne soll der Kenner schätzen; Verziertes aber spricht der Menge zu", hat bereits Goethe gesagt. Ganz besonders trifft diese Feststellung auf die Emaillierkunst zu. Sie ist bis heute eine Kunst für Kenner geblieben, denn erst bei genauerem Hinsehen zeigt sich die einzigartige Vielfalt und Schönheit emaillierter Arbeiten. Mal liegt eine undurchsichtige Emailschicht spiegelnd und glatt wie ein Lacküberzug auf einer Metallfläche, mal werfen mehrere übereinanderliegende, durchsichtige Emailschichten das Licht in hundert Farben zurück und lassen den Eindruck unergründlicher Tiefe entstehen. Im Grunde genommen bedeutet Emaillieren nichts anderes, als ein speziell

Rohemail, so wie es in den Handel kommt. Diese Brocken müssen erst noch zerkleinert oder zu Pulver zermahlen werden, bevor man sie auf einen Metallträger aufschmelzen kann.

vorbereitetes Farbglas mittels Hitze auf Metall aufzuschmelzen. Durch die Verbindung dieser beiden Materialien entstehen einzigartige Lichtreflexe und Farbspiele, wie sie kein anderer Werkstoff aufweist.
Darüber hinaus ist Metall, das mit Email überzogen ist, hitzebeständig bis 900° C, und es rostet nicht.
Wann und wo zum ersten Mal emailliert wurde, wird wohl nie genau zu klären sein. Die direkte Vorlage für die ersten beiden vorgestellten Grundtechniken, das Stegemail und den Grubenschmelz, bilden ägyptische Schmuckstücke, die etwa 2000 Jahre v. Chr. gefertigt wurden. Die ägyptischen Goldschmiede arbeiteten Stege oder Gruben in ihren Schmuck ein und füllten diese mit farbigen Edelsteinen. Zum Herstellen von Email fehlte nur noch der letzte Schritt: das Brennen.
Erst 1400 Jahre später wurde Email von den Griechen zwischen dünne Golddrähte gegossen.
Etwa im 5. Jahrhundert v. Chr. entwickelten keltische Stämme den Grubenschmelz auf Bronze. Sie verschönerten mit dem Email ihre Pferdegeschirre, Schwerter und Schilde.
Zunächst wurde nur ein undurchsichtiges Rot statt der bis dahin üblichen Koralleneinlage eingeschmolzen. Später kamen dann kräftige Farbtöne wie Blau, Grün und Weiß hinzu.
Stegemail- und Grubenschmelztechnik wurden zwischen dem 4. und 12. Jahrhundert n. Chr. in Byzanz zur Verzierung sakraler Gegenstände verwendet. Hier wurde das Email erstmalig nicht mehr als Mittel der Steinimitation, sondern als eigenständige künstlerische Methode eingesetzt. Kunstwerke, wie sie in dieser Zeit entstanden, wurden bis heute nicht wieder geschaffen. Während des Mittelalters wurden die byzantinischen Emailarten überall in Europa nachgeahmt. Im 9. und 10. Jahrhundert bildeten die Klosterwerkstätten im Rheinland und in Lothringen die Zentren der Goldemailtechnik; sowohl Stegemail als auch Grubenschmelz wurden ausgeführt. Da mit der Zeit Gold als Grundlage für die Emailschicht zu kostspielig wurde, setzte sich ab dem 12. Jahrhundert Kupfer als Schmelzträger durch.

Die Stegemailtechnik beherrschten übrigens auch die Japaner und Chinesen, die damit Vasen und andere Hohlgefäße schmückten. Sie entwickelten eine völlig neue Emailtechnik, die bei uns Fensteremail genannt wird. Hierbei werden kleine Öffnungen im Metall mit Transparentemail gefüllt. Da dieses Email keinen Metalluntergrund hat, scheint das Licht durch.

Aber auch in Europa kam Anfang des 15. Jahrhunderts eine neue Technik auf. Man entdeckte, daß sich die Farben auch ohne Gruben und Stege klar abgegrenzt nebeneinandersetzen und über die ganze Metallfläche verteilen lassen. Bei der sogenannten Emailmalerei wurde die Darstellung mit fein geriebenen Farbemails auf einfarbigen Emailgrund aufgetragen. Zum Zentrum dieser Technik entwickelte sich die französische Stadt Limoges. Oft arbeiteten hier ganze Familien zusammen. Typisch für das Limosiner Email sollte die ein Jahrhundert später entstandene Griseilletechnik werden. Dabei wurden weiße Figuren auf schwarzen Grund aufgetragen. Entsprechend der unterschiedlichen Schichtdicke schimmert der dunkle Grund mehr oder weniger durch, so daß graue Zwischentöne entstehen.

In der Mitte des 17. Jahrhunderts war es gelungen, Metalloxide herzustellen, mit denen auf weißem Grundemail feine Abstufungen der Farbtöne wie bei der Ölmalerei erzielt werden konnten. Das Metall blieb unsichtbar und wurde nicht mehr in die Gestaltung einbezogen. Mit dieser Technik löste sich die Emailkunst aus der bisher festen Verbindung zum Goldschmiedehandwerk, und die Emailmalerei wurde zu einer Sonderform der freien Malerei. Den Zeitgeschmack trafen feine Miniaturbilder auf Emailgrund, besonders bevorzugt wurden Portraits für Medaillons. Da die Emailmalerei sich auf allen möglichen Metallgegenständen anbringen ließ, war die Technik im Barock und Rokoko ebenso beliebt wie zur Biedermeierzeit. Erst mit der aufkommenden Fotografie verlor das gemalte Miniaturportrait an Bedeutung. Obgleich im 19. Jahrhundert alle Emailliertechniken bekannt waren, fehlten die bemerkenswerten künstlerischen

Diese Scheibenfibel aus der Völkerwanderungszeit stammt aus dem Fürstengrab in Wittislingen und kommt dem Stegemail sehr nahe. Es fehlt nur noch der Brand.

Leistungen. Dafür entwickelte sich in dieser Zeit das technische Gebrauchsemail auf Eisen und Stahl. Die unter dem Namen Industrieemail bekannt gewordene Technik hat mit der eigentlichen Emaillierkunst nichts mehr gemein. Erst ab der zweiten Hälfte des 20. Jahrhunderts erlebt das Email als Kunstform eine Renaissance. Heute stehen dem Emailleur sowohl in technischer als auch in gestalterischer Hinsicht alle Möglichkeiten offen. Er kann sämtliche überlieferten Techniken benutzen, er kann aber auch durch eigene Versuche neue Methoden entwickeln.

Das Schutzamulett Tutanchamuns mit in Gold eingelegten Glas- und Halbedelsteinen zeigt die Vorstufe zur Emaillierkunst.

Die Metalle

Als Schmelzträger für Email eignen sich außer Messing und Aluminium fast alle Metalle, deren Schmelzpunkt über 900° C liegt.
Am häufigsten wird Kupfer verwendet. Außerdem kommen noch Silber, Gold und Tombak in Frage.
Es ist wichtig zu wissen, wie die einzelnen Metalle verwendet werden, da die Dauerhaftigkeit der Emailarbeit hauptsächlich von dem Grundwerkstoff abhängt. Er sollte dick genug sein, um das Email fest abstützen zu können, und wenn Sie die Absicht haben, ihn zu formen, sollte er sich hämmern lassen.
Metallrohlinge kann man in verschiedenen Formen in Bastelgeschäften kaufen.

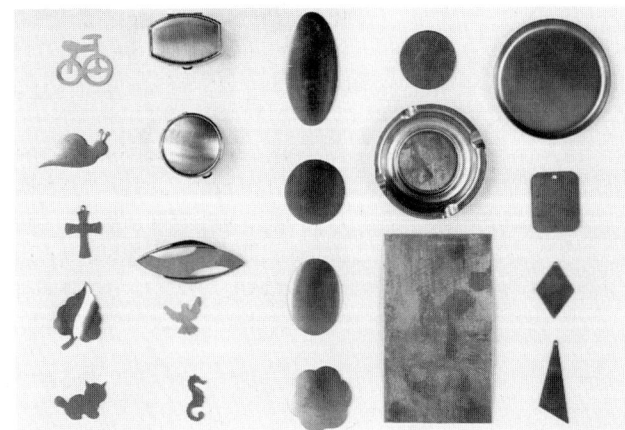

In Bastelgeschäften gibt es eine Anzahl bereits geschnittener und geformter Kupferrohlinge zu kaufen, die vor dem Emaillieren nur noch gesäubert werden müssen.

Kupfer

Die optimale Verarbeitungsdicke für Kupfer ist 1 mm. Für kleinere Werkstücke können Sie auch 0,8 mm starkes Kupferblech nehmen. Eine größere Dicke empfiehlt sich, wenn vorgesehen ist, das Muster zu ätzen (Grubenschmelz). Sie sollten zum Emaillieren ausschließlich reines Kupfer verwenden, das bereits weichgeglüht wurde, da sonst das gebrannte Email absplittern oder reißen kann. Am besten geeignet ist Elektrolytkupfer, das zu 99,95 Prozent aus reinem Kupfer besteht. Im Handel werden zahlreiche Rohlinge angeboten (Untersetzer, Schalen, Anhänger, Dosen), die diesen Anforderungen entsprechen. Beim Kauf müssen Sie lediglich darauf achten, daß die Rohlinge nicht größer als der Innenraum Ihres Brennofens sind. Für Stegemailarbeiten wird flachgewalzter Kupferdraht benötigt. Die geeigneten Maße dafür sind 1,2 mm Breite und 0,4 mm Dicke.

Tombak

Tombak ist eine Legierung aus Kupfer und Zink. Der Zinkanteil darf fürs Emaillieren 8 Prozent nicht überschreiten. Tombak hat einen schönen, goldgelben Farbton, der die Leuchtkraft des transparenten Emails erhöht. Im Gegensatz zu Kupfer darf er jedoch nicht mehr als drei bis vier Brände erhalten.

Silber

Mit Silber wird die höchste Leuchtkraft erzielt. Es sollte deshalb möglichst nur mit transparentem Email bearbeitet werden. Da Silber nicht oxidiert, ist es zum Emaillieren ausgesprochen geeignet. Allerdings muß in diesem Fall der Schmelzpunkt beachtet werden. Der Feingehalt von 900/000 darf nicht unterschritten werden.

Gold

Zweifellos ist es das kostbarste aller Emailliermetalle. Sie können Feingold sowie sämtliche Gelbgoldlegierungen bis zu 585/000 verwenden. Bei der Arbeit mit Edelmetallen muß unbedingt beachtet werden, daß sich die Emaillierfarben auf Gold und Silber erheblich anders verhalten als auf Kupfer.

Die Emailsorten

Email ist ein Glas, das sich im wesentlichen aus den Substanzen Kieselsäure, Bleioxid und Schwefelkarbonat zusammengesetzt. In diesem Zustand wird es „Fondant" genannt. Fondant ist farblos und durchsichtig. Er wird unter anderem als Grundschicht zum Aufhellen von farbigem, transparentem Email verwendet. Farbe erhält der Fondant, indem Metalloxide zugesetzt werden. Das sogenannte „transparente Email" sieht nach dem Brennen wie gefärbtes Glas aus und läßt den Metallgrund durchschimmern. Wird dem Fondant Zinnoxid zugesetzt, so entsteht das „opake Email". Es ist ein undurchsichtiges, deckendes Email und hat normalerweise eine hochglänzende, glatte Fläche. Das opake Email besticht durch seine klaren, brillianten Farben, während sich das transparente Email durch seine zarten, vermeintlich unter der Oberfläche liegenden Farben auszeichnet. Die letzte Emailsorte, das „opale Email", enthält den Farbton Weiß. Es ist halb deckend und sieht nach dem Brennen aus wie sehr helles Milchglas, oder es gleicht einem schillernden Opal.

Außer der Unterteilung in Sorten, unterscheiden sich die Emailsorten im Schmelzverfahren. Sie benötigen unterschiedliche Temperaturen und Brenndauer, ehe das Spezialglas zu fließen beginnt. Daraus ergibt sich, daß bestimmte Emailfarben bei Arbeiten mit mehreren Brennvorgängen ihre Farbe verändern oder

An diesen vier emaillierten Kupferrohlingen werden die Unterschiede zwischen den Emailsorten deutlich.
Oben links Opalemail mit Zundereinlagen
Oben rechts Transparentemail
Unten links Opalemail
Unten rechts Opakemail

vom transparenten Zustand in den opaken wechseln und umgekehrt. Dieser Umstand läßt sich mit etwas Erfahrung bewußt nutzen.

Schmuckemail sowie sämtliches weitere Zubehör können Sie in Hobbygeschäften beziehen. Hauptsächlich wird es in Pulverform hergestellt. Daneben wird es noch in Splitter, Stücke oder Kugeln zerkleinert beziehungsweise zu Fäden gezogen angeboten. Wer sich das Email lieber mit Mörser und Stößel selbst in die gewünschte Körnung zerkleinert, kann grobe Kristalle im Fachhandel beziehen.

Der Brennofen und die Brennwerkzeuge

Der Brennofen

Da zum Aufschmelzen des Emails hohe Temperaturen nötig sind, brauchen Sie einen Brennofen, der eine Maximaltemperatur von 950° C erreicht. Die Größe des Ofens richtet sich nach der Größe der Gegenstände, die Sie emaillieren möchten. Für Schmuck und kleinere Gegenstände reichen die kleinen Grundmodelle. Haben Sie dagegen vor, Schalen, Vasen und Wandbilder zu emaillieren, kommen Sie um den Kauf eines größeren Ofens nicht herum. Die geräumigeren Brennöfen lassen sich jedoch nicht immer an die normale Steckdose anschließen, und sie sind meist auch nicht mehr transportabel. Das bedeutet, Sie müßten für Ihr Hobby einen festen Platz zur Verfügung haben, besser noch einen kleinen Arbeitsraum.

Wenn Sie allerdings zusätzlich Porzellanmalen oder Töpfern erlernen möchten, lohnt sich ein großer Ofen bestimmt. In diesem Fall muß die Heizleistung zwischen 1100 und 1200° C liegen.

Temperaturmeßgerät

Die Meinungen der Emailleure zu diesem Gerät gehen auseinander. Die einen verlassen sich bei der Temperaturbestimmung lieber auf ihr Auge, während die anderen mehr dem Meßgerät vertrauen. Für Anfänger ist es sicherlich einfacher, mit dem Meßgerät zu arbeiten.

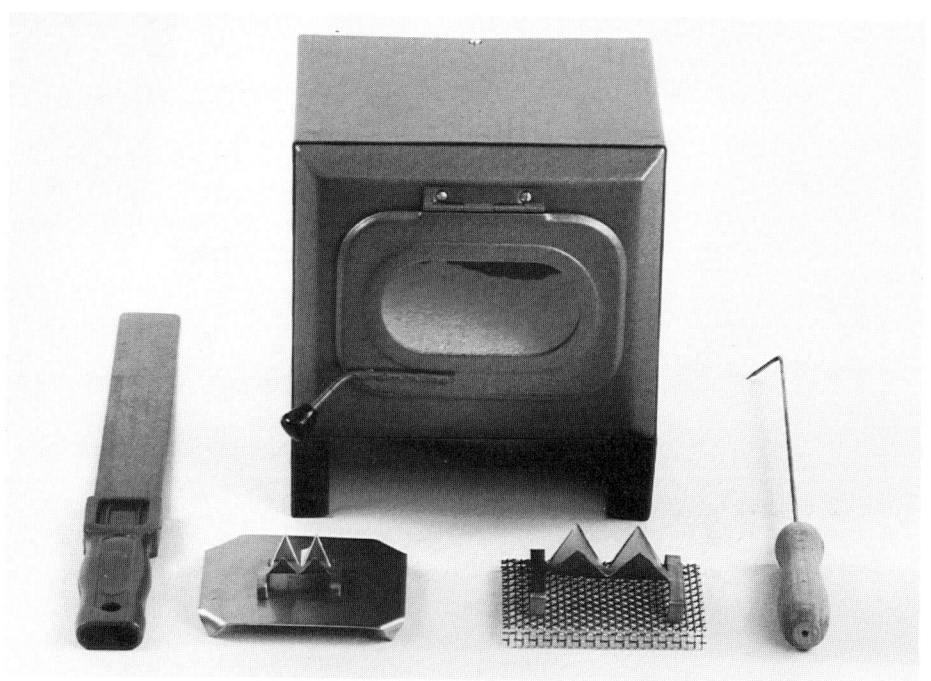

Temperaturregler	Dieses Gerät hält die Temperatur im Brennofen konstant und verhindert dadurch ein Überheizen der Innenkammer.
Brennständer	Im Handel werden Brennständer in verschiedenen Formen und Größen angeboten. Sie geben dem Werkstück Halt während des Brennvorgangs.
Brennrost	Ein feinmaschiges Drahtgitter, auf das die Brennständer oder kleine Werkstücke gelegt werden.
Beschickungsstab	Mit einem Beschickungsstab oder einer Feuergabel werden die auf den Ständern stehenden Werkstücke in den heißen Ofen gesetzt.
Brennablage	Die glühenden Werkstücke werden nach dem Brennen auf Schamottesteine oder eine Eternitplatte gelegt. Auch der Ofen selbst sollte auf einer feuerfesten Unterlage stehen.

Schutzhandschuhe — Sie schützen die Hände beim Öffnen der Ofenklappe vor der Hitze.

Ziehhaken — Nicht entflammbarer, gebogener Stab, mit dem während des Brennvorgangs Muster in das geschmolzene Email gezogen werden können (Ziehtechnik).

Brenntabelle

Temperatur	Farbe
500–600 °C	schwaches Dunkelrot

In diesem Temperaturbereich werden Kupferrohlinge ausgeglüht.

Temperatur	Farbe
700–750 °C	Dunkelrot

Weiche Emails schmelzen bei einer Brenndauer von ca. 15 Minuten.

Temperatur	Farbe
770–840 °C	Kirschrot

Durchschnittlicher Temperaturbereich für die meisten Emailarbeiten bei 2–3 Minuten Brenndauer.

Temperatur	Farbe
850–900 °C	Hellrot

Maximaltemperatur für harte Emails und Fondantemails.

Der Brennprozeß

Beim Emaillieren wird der Brennvorgang nicht nur zum Aufschmelzen des Emails, sondern auch als Gestaltungsmittel eingesetzt. Beispielsweise lassen sich mit verschiedenen Brennzeiten und Brenntemperaturen unterschiedliche Ergebnisse erzielen. Ebenso verändern Mehrfachbrände Form und Farbe des Emails. Für den Anfang ist es wichtig, daß Sie sich mit Ihrem Ofen gut vertraut machen und einige Grundregeln zum Emaillieren beachten.

Der Ofen wird vor dem Brennen auf die gewünschte Temperatur gebracht. Das kann je nach Fabrikat und Größe zwischen 40 und 120 Minuten dauern. Die meisten Emailarten lassen sich bei einer Temperatur von etwa 800 °C schmelzen. Der Schmelzpunkt kann jedoch je nach der chemischen Zusammensetzung des Emails variieren. Setzen Sie den vorbereiteten und

Das Werkstück im Brennofen. Grundsätzlich sollten Sie die Teile so heiß und so kurz wie möglich brennen. Dabei gilt es, den Unterschied zwischen transparenten und opaken Farben zu beachten. Transparente Farben werden etwas heißer und etwas kürzer als opake Farben gebrannt.

gut getrockneten Rohling mit dem Beschickungsstab in die Mitte des Brennraumes. Das Stück steht dabei auf dem Brennständer und dieser wiederum auf dem Brennrost.

Wenn der Rohling etwa eine Minute im Brennofen war, wird das Email schwarz. Von diesem Zeitpunkt an müssen Sie ihn laufend überwachen. Wenige Augenblicke darauf beginnt das Email zu glühen, und die Oberfläche wird narbig. Sobald sie sich geglättet hat, sollte das Stück aus dem Ofen genommen werden. Meist ist bis dahin auch das Metall rotglühend geworden.

Ziehen Sie den Gegenstand mit dem Beschickungsstab aus dem Ofen, und legen Sie ihn zum Abkühlen auf die Schamottesteine. Durchzug und größere Temperaturschwankungen sollten in diesem Stadium vermieden werden.

Werkzeug und Material

Spatel	Mit einem Spatel oder Spachtelmesser werden die gepuderten Metallstücke angehoben. Der Spatel wird auch beim Stegemail benutzt, um die Stege nach dem Brennen nochmals anzudrücken.
Pinsel	Zum Auftragen von Naßemail werden Pinsel in verschiedenen Stärken gebraucht. Am besten läßt sich mit Marderhaarpinseln arbeiten.
Streusieb	Es wird zum Aufsieben des Trockenemails benötigt. Man kann auch ein Teesieb nehmen.
Pinzetten	Zum Anfassen des gereinigten Metalls und zum Biegen der Stegemaildrähte sind sie unerläßlich.
Löffel	Mit einem Löffel oder einer Emailschaufel wird das Emailpulver aufgenommen.
Haftmittel	Gut geeignet ist Tragant (in Apotheken erhältlich). Haftmittel ist nötig, wenn das lose Emailpulver an gebogenen Metallflächen angebracht werden soll oder wenn bei gleichzeitigem Gegenemail das Pulver auf der Rückseite haften soll.
Hand- und Karborundfeile	Mit ihnen können auch nach dem Brennen Metall- und Emailflächen glattgeschliffen und die Kanten gebrochen werden.

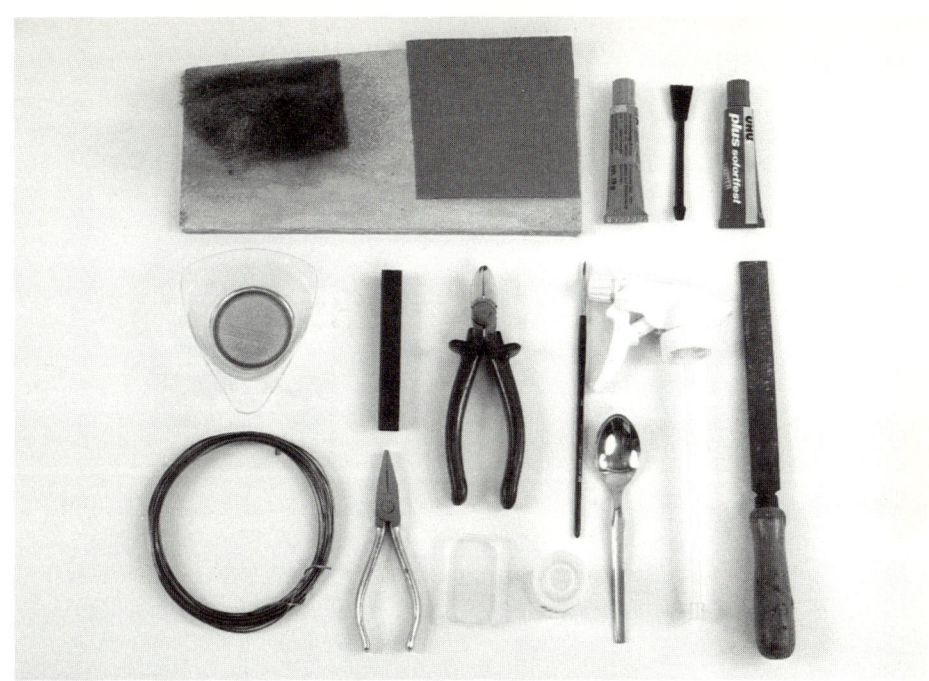

Zange	Mit einer feuerfesten Zange können Metallteile aus dem glühenden Ofen herausgenommen werden.
Kneifzange	Zum Schneiden der Metalldrähte (Stegemail) wird eine Kneifzange benötigt.
Zerstäuber	Er wird gebraucht, um das Haftmittel gleichmäßig auf die Metalloberfläche aufzutragen.
Schmirgelpapier und Stahlwolle	Mit Schmirgelpapier und Stahlwolle wird das Metall gereinigt und poliert.
Klebstoff	Der im Handel erhältliche Zweikomponentenkleber empfiehlt sich für das Befestigen einer Broschierung.
Kupfer- und Silberdraht	Für Stegemailarbeiten wird flachgewalzter oder runder Draht aus Silber oder Kupfer verwendet (Stärke: 0,5 bis 1 mm).

Vorbereitende Arbeiten

Schlämmen des Emails

Füllen Sie zum Schlämmen das Emailpulver in ein Gefäß, und gießen Sie die doppelte Menge destilliertes Wasser darauf. Die Flüssigkeit wird umgerührt und kurz stehengelassen, bis sich das Email abgesetzt hat. Das milchige Wasser abschütten. Diesen Vorgang wiederholen Sie, bis das Wasser nach dem Umrühren klar bleibt. Eventuell muß bis zu achtmal ausgeschlämmt werden. Dabei läßt sich natürlich nicht vermeiden, daß etwas Emailpulver verlorengeht.
Das gereinigte Email wird getrocknet und in luftdicht verschlossenen Gefäßen aufbewahrt.

Reinigen der Rohlinge

Reiben Sie vor dem Emaillieren den Rohling mit Schmirgelpapier oder Stahlwolle kräftig ab. Dabei sollte stets in eine Richtung geschmirgelt werden. Anschließend das Stück unter fließendes Wasser halten. Wenn sich das Wasser gleichmäßig auf der Oberfläche verteilt, ist das Metall sauber und wird in ein Essig-Salz-Bad gelegt. Vermischen Sie dazu zwei Tassen Essig mit zwei Eßlöffeln Salz (keine Metallschüssel verwenden). Legen Sie den Rohling für etwa zwei Minuten hinein. Dann wird das Werkstück mit klarem Wasser abgespült und mit einem fusselfreien Tuch abgetrocknet.
Von nun an dürfen Sie das Stück nur noch mit einer sauberen Pinzette berühren.

Die Farbe des Emails, und zwar ganz besonders des Transparentemails, gewinnt durch das sogenannte Schlämmen erheblich an Intensität. Aber auch längere Zeit gelagerte Opakemails, die durch Staubpartikel verschmutzt sind, lassen sich durch Schlämmen wieder reinigen.

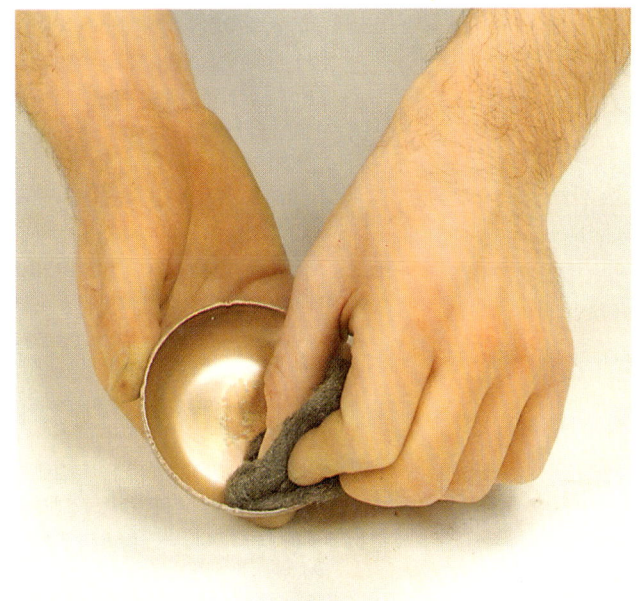

Jedes Metall muß vor dem Emaillieren gereinigt werden, da selbst kleine Fettspuren die Emailschicht später abspringen lassen. Außerdem unterstützt ein glänzender Schmelzträger die Leuchtkraft der Emailfarben.

Die Nachbehandlung

Wenn das emaillierte Werkstück abgekühlt ist, müssen sämtliche sichtbaren Metallteile vom Zunder befreit werden. Nehmen Sie dazu die Karborundfeile und schleifen Sie unter fließendem Wasser die betreffenden Stellen blank. Mit feiner Stahlwolle wird anschließend nachpoliert. Zum Entgraten des Randes stets von innen nach außen feilen. In hartnäckigen Fällen können Sie hierzu auch die Handfeile benutzen. Größere Metallflächen sollten nach dem Säubern mit Zaponlack gegen Anlaufen geschützt werden.
Auch die Emailschicht des gebrannten Werkstücks kann weiterbehandelt werden. Nach dem Auskühlen ist sie hochglänzend. Wer eine mattblanke Oberfläche wünscht, rauht die gesamte Glasur naß mit einer feinen Karborundumfeile auf. Um Kratzspuren zu vermeiden, sollten Sie dabei nur in eine Richtung schleifen. Anschließend wird das Stück gut abgespült und trockengerieben. Polieren Sie es mit Bienenwachs, bis die Oberfläche einen seidig schimmernden Glanz erhält.
Durch das Schleifen der Glasur können nicht nur Oberflächen mattiert, sondern auch Unebenheiten in der Emailschicht ausgeglichen werden. Wenn die rauhe Oberfläche anschließend wieder glänzen soll, wird sie mit einer dünnen Fondantschicht bestreut und noch einmal kurz überbrannt.

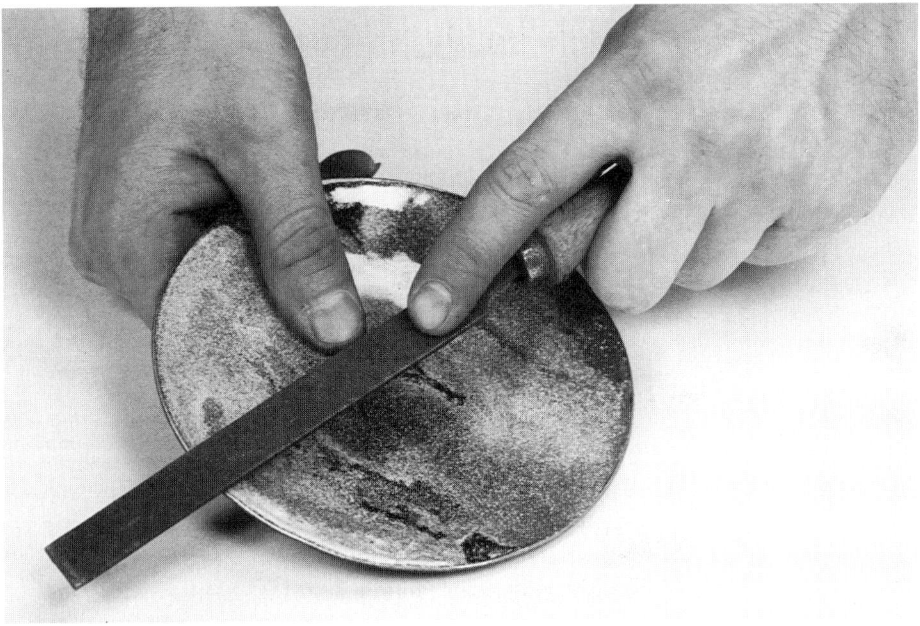

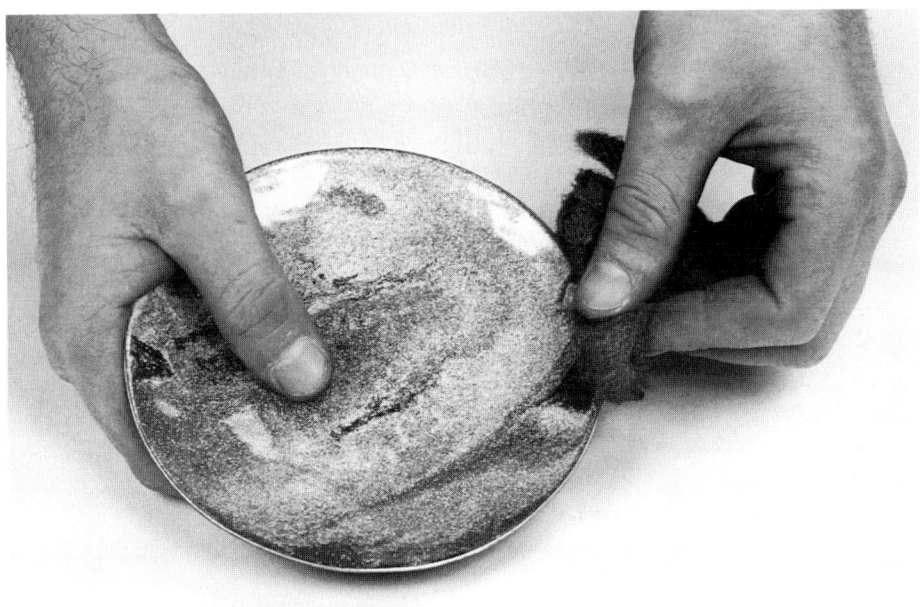

Oben Mit der Handfeile werden die Kanten von innen nach außen gefeilt.
Unten Kanten und Metallteile werden nach dem Feilen mit Stahlwolle poliert.

Farbtests

Da sich der Farbton des Emailpulvers erheblich von dem des gebrannten Emails unterscheidet, empfiehlt es sich, von sämtlichen Emailfarben eine Probe auf Kupferreste oder Pfennigstücke zu brennen und auf den entsprechenden Farbbehälter zu kleben. Wer auch die weiteren Eigenschaften seiner Farben kennenlernen möchte, legt eine Testreihe an. Es lohnt sich beispielsweise zu untersuchen, wie sich die einzelnen Emailfarben bei Mehrfachbränden verhalten. Oder Sie finden heraus, wie sich die Leuchtkraft transparenter Emails durch eine Grundschicht aus Fondant, weißem Opakemail oder auch durch untergelegte Gold- oder Silberfolie verändert.

Bei Mehrfachbränden oder zu großer Hitze kann opakes Email transparent werden. Hier wurde grünes Opakemail bei drei verschiedenen Temperaturen gebrannt. Das linke Teil kam bei 820°C in den Ofen, das mittlere Teil wurde bei 860°C und das rechte Teil bei etwa 900°C gebrannt.

Gegenemail

Bei einseitigem Emaillieren entstehen Spannungen zwischen dem Glasfluß und dem Metallträger, die dazu führen können, daß die Emailschicht reißt. Durch das Gegenemaillieren, also das zusätzliche Emaillieren der Rückseite des Werkstücks, werden diese Spannungen ausgeglichen. Nehmen Sie dazu das im Handel erhältliche Gegenemailpulver, oder verwenden Sie eigene Emailreste. Je nach Art und Größe des Rohlings werden beide Seiten gleichzeitig gebrannt, oder es wird die Rückseite zuerst emailliert. Bei gleichzeitigem Brennen beider Seiten muß auf die Rückseite Haftmittel aufgetragen werden, um zu verhindern, daß das lose Pulver herunterfällt.

Das vorbereitete Werkstück legen Sie zum Brennen auf einen Gegenemailständer. Dieser Ständer hält die Auflagepunkte so klein wie möglich, damit die emaillierte Unterseite nicht auf dem Brennständer festschmilzt.

Tips und Hinweise

Ausglühen der Metallteile

Alle Metalle, die in irgendeiner Weise bearbeitet, also gebogen, gesägt oder gefeilt wurden, stehen danach unter Spannung. Wenn Sie sicherstellen wollen, daß sich keine Spannungen mehr im Metallträger befinden, glühen Sie ihn vor dem Emaillieren aus. Sie erhitzen dazu den Gegenstand im Brennofen bis zur schwachen Rotglut und tauchen ihn sofort anschließend in kaltes Wasser. Die Zunderschicht, die sich während des Ausglühens gebildet hat, wird mit Schmirgelpapier oder Stahlwolle abgeschliffen.

Grundbedingung: Sauberkeit

Um gelungene Emailstücke herstellen zu können, muß während der Arbeit auf absolute Sauberkeit geachtet werden. Diese wichtige Regel gilt nicht nur für das Email und die Metalle, sondern auch für sämtliche Werkzeuge, die beim Emaillieren verwendet werden. Pinzetten und Brennständer, Pinsel und Siebe sollten deshalb von Zeit zu Zeit in einer Essig-Kochsalz-Lösung (4:1) gereinigt werden.

Achtung!

Der Umgang mit Schmuckemail ist normalerweise harmlos. Da jedoch viele Emailsorten Blei und Cadmium enthalten, sollten Sie während der Arbeit weder essen noch rauchen. Neuerdings gibt es auch bleifreie Emailsorten, die sich besonders zum Emaillieren mit Kindern eignen.

Brennregeln	Wenn Sie verschiedene Emailarten für einen Brennprozeß verwenden, sollten sich die Härtegrade möglichst entsprechen.
Werden mehrere Werkstücke gleichzeitig gebrannt, sollten sie etwa gleich groß sein.
Große Gegenstände müssen während des Brennvorgangs einmal gedreht werden, um mögliche Temperaturschwankungen auszugleichen.

Kennzeichnen des Emailpulvers	Es ist ratsam, jeden Emailbehälter mit der Farbnummer und dem Farbton (transparent, opal, opak) zu beschriften und mit einer Farbprobe zu versehen.

Beizen	Für die Vor- und Nachbehandlung der Metalle, besonders wenn sie mit Kindern ausgeführt werden, genügen die in den entsprechenden Kapiteln beschriebenen Reinigungsmethoden. Wer allerdings eine besonders helle und klare Oberfläche erzielen möchte, muß Kupfer vor dem Emailauftrag in ein Säurebad aus Wasser und Schwefelsäure (9:1) tauchen. Gießen Sie hierbei immer die Säure in das Wasser, nie umgekehrt. Danach den Rohling mit klarem Wasser abspülen, auf Glanz bürsten und trocknen. Dasselbe Verfahren kann nach dem Brennen angewendet werden, um die sichtbaren Metallteile in der emaillierten Ansichtsfläche des Werkstücks zu reinigen. Der Beizvorgang muß in diesem Fall sehr kurz gehalten werden, damit die Säure das Email nicht angreifen kann.

Brennen ohne Ofen	Es gibt die Möglichkeit, mit Bunsenbrenner, Gaslötlampe oder Juwelierschweißbrenner zu arbeiten, doch setzt diese Art zu brennen viel Erfahrung voraus. Das Email darf hierbei nicht mit der offenen Flamme in Berührung kommen; das Werkstück muß also gleichmäßig von der Gegenseite her bearbeitet werden, ohne daß Risse in der Glasur entstehen.

Schablonentechnik: Für das Apfelbild wurde eine Kupferplatte weiß voremailliert. Eine das Motiv freilassende Schablone wurde auf die Glasur gelegt und mit gelbem, rotem und grünem Opakemail besiebt.

Schablonentechnik: Die weichen Farbübergänge wurden erzielt, indem die Schablone etwa einen Zentimeter über den Metallträger gehalten wurde.

Schablonentechnik: Die emaillierte Kupferplatte wurde auf ein Holzbrett geklebt.

Schablonentechnik

Das Emaillieren läßt sich besonders gut über die Schablonentechnik erlernen. Leicht und sicher werden hier ansprechende Ergebnisse schon bei den ersten Arbeiten erzielt. Mit ihr wird das Gefühl für den richtigen Umgang mit dem Email geweckt. Aber auch fortgeschrittene Hobbyemailleure finden dabei immer wieder eine Möglichkeit, etwas Neues auszuprobieren.
Als Schablonen nehmen Sie aus Papier geschnittene Motive. Es eignen sich auch „fertige" Motive wie Blüten, Blätter und Gräser aus der Natur. Die Schablone wird auf ein vorbereitetes Werkstück gelegt und die gesamte Fläche mit Emailpulver bestreut. Danach entfernen Sie die Schablone vorsichtig mit einer Pinzette. Auf dem Werkstück bleiben die Umrisse des Musters zurück. Diese Methode kann sowohl „positiv" als auch „negativ" angewendet werden. Das heißt: entweder ist die Fläche der Schablone gleichzeitig das Motiv, oder das Motiv ist der Hohlraum, den die Schablone freiläßt. Für scharfe Konturen legen Sie die Schablone direkt auf den Gegenstand auf, für weiche Übergänge halten Sie sie etwa einen Zentimeter über die Fläche.
Die Schablonentechnik wird vorzugsweise dann angewendet, wenn ein Motiv auf mehrere Gegenstände übertragen werden soll. Aber auch in Kombination mit anderen Techniken wird sie gerne eingesetzt.

Um sämtliche Fettspuren von der Kupferoberfläche zu entfernen, wird der Rohling kurz in eine Beizlösung aus einer halben Tasse Essig und einem Teelöffel Salz gelegt. Mit einer Pinzette das Kupferteil herausholen, unter fließendem Wasser mit Stahlwolle säubern und mit Haushaltspapier trockenreiben.

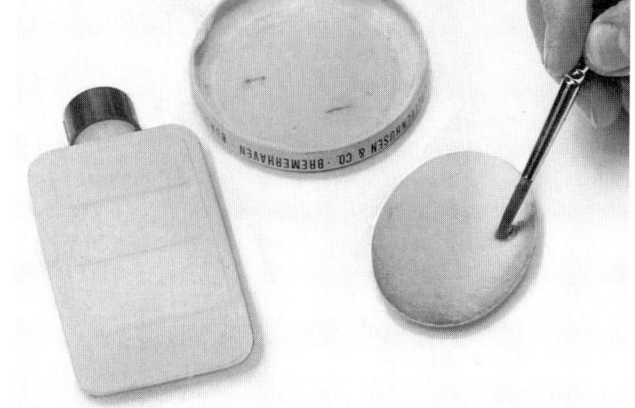

Legen Sie den Rohling mit der Vorderseite auf Haushaltspapier. Dann wird mit einem Pinsel das Haftmittel gleichmäßig aufgetragen.

Olivgrünes, transparentes Emailpulver wird mit einigen Tropfen Wasser zu einem dickflüssigen Brei angemischt und mit einem Pinsel auf die Haftschicht übertragen. Zum Trocknen das Teil kurz auf den warmen Brennofen oder die Heizung legen.

31

Anschließend bestreichen Sie die Vorderseite des Kupferrohlings mit Haftmittel und dem grünen Emailpulver. Dabei darauf achten, daß keine Feuchtigkeit auf die Rückseite gelangt. Das bereits angebrachte Email könnte sich sonst wieder lösen.

Damit sich die Farbe gleichmäßig verteilt, wird das Werkstück mit dem Pinselstiel leicht von der Seite her angestoßen. Legen Sie die ausgeschnittene Schablone mit einer Pinzette auf die nasse Schicht. Wichtig: Einmal plaziert, sollte die Schablone nicht mehr verschoben werden.

Die restliche Feuchtigkeit wird mit einem Blatt Haushaltspapier abgehoben.

Streuen Sie eine hauchdünne Schicht weißes Emailpulver über das Werkstück. Die Blüten werden etwas stärker, die Stiele etwas sparsamer bestreut.
Das Grün sollte jedoch überall noch durchschimmern.

Wenn Ihr Streusieb zu grob sein sollte, stellen Sie sich ein Ersatzsieb her. Bespannen Sie dazu die Dose mit der weißen opaken Farbe mit einem doppelt gelegten Nylonstrumpf. Das Strumpfgewebe wird von einem Gummiring gehalten.

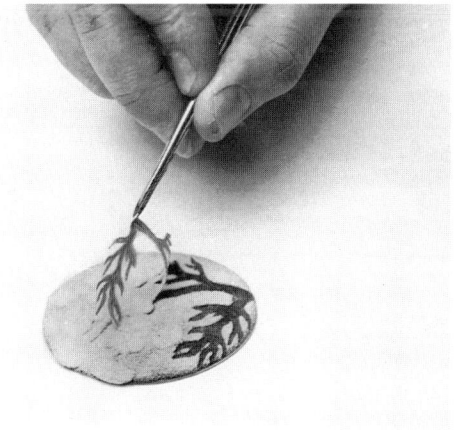

Behutsam wird die Schablone mit der Pinzette abgehoben.

Die konturgenauen Umrisse des Musters bleiben auf der Emailfläche zurück.

Setzen Sie mit Wasser angerührtes opakes Weiß mit einem feinen Pinsel in kleinen Punkten in die Blüten.

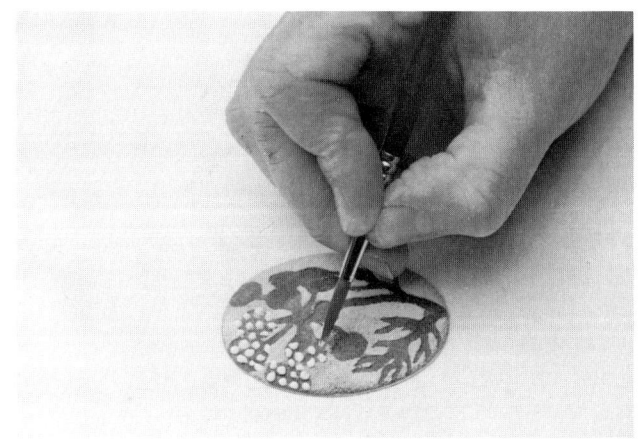

Die Hand wird dabei aufgestützt, ohne jedoch die Emailschicht zu berühren.

Brennen Sie den Rohling bei 850°C. Sobald das Farbpulver geschmolzen, die Emailoberfläche glatt und das Kupfer mittelrot ist, kann das Werkstück wieder aus dem Ofen genommen werden.
Das Teil bei Zimmertemperatur erkalten lassen und den Rand mit Feile und Schmirgelpapier säubern.

Das Schmuckstück ist fertig. Damit es als Brosche getragen werden kann, wird das Email auf der Rückseite mit der Feile leicht angerauht und mit Aceton gereinigt. Die Nadelbroschierung mit Zweikomponentenkleber ankleben.

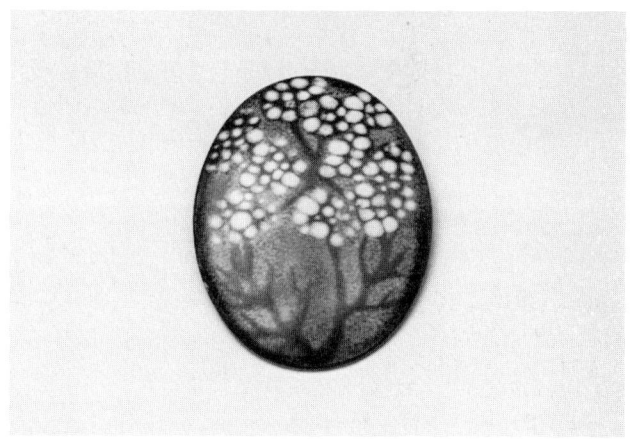

Oben Stegemail: Abgegrenzte Formen können mit dieser Technik dargestellt werden.
Unten Stegemail: Die Emailschicht wurde geschliffen, die Stege poliert.

Oben Stegemail: Die Stege wurden hier als eigenständiges Bildelement verarbeitet.
Unten Stegemail: Bei der großen Schale mußte mit Haftmittel gearbeitet werden.

Stegemail

Diese Technik gehört zu den ältesten Emaillierverfahren. Sie wurde aus der Kunst des Steinefassens der Goldschmiede entwickelt. Mit dem Stegemail oder Zellenschmelz lassen sich einzelne Farbflächen, klar voneinander abgegrenzt, zu Motiven zusammenstellen. Für die Stege wird runder oder rechteckiger Kupfer- oder Silberdraht verwendet. Mit einer Kneifzange schneidet man die Drähte, und mit einer Pinzette, mit den Fingern oder mit einer Rundzange bringt man sie in die gewünschte Form. Die Drähte werden so angeordnet, daß sie immer nebeneinander- und nie übereinanderliegen. Bei sich überschneidenden Formen wird gestückelt. Rechteckiger Draht ist grundsätzlich auf seiner Schmalseite, also auf der hohen Kante zu montieren.

Stegemail können Sie in zwei Varianten herstellen: Für die erste Möglichkeit füllen und brennen Sie die Felder, bis das Email den Draht bedeckt. Die Oberfläche wird dann unter fließendem Wasser mit einer Karborundfeile auf gleiche Höhe mit dem Draht abgerieben und entweder mattiert oder durch einen weiteren Brand wieder zum Glänzen gebracht.

Für die zweite Möglichkeit füllen Sie die Felder nur zur Hälfte. Durch die Oberflächenspannung zieht sich das Email beim Brennen an den Drähten etwas hoch. Anschließend werden nur die Drähte, nicht aber die Emailflächen geschliffen.

Der Rohling wird gründlich gereinigt und mit Haushaltspapier trockengerieben. Brennen Sie anschließend die Vorder- und Rückseite mit Fondant oder goldfarbenem Transparentemail. Auf die Rückseite muß vor dem Emailauftrag Haftmittel aufgebracht werden.

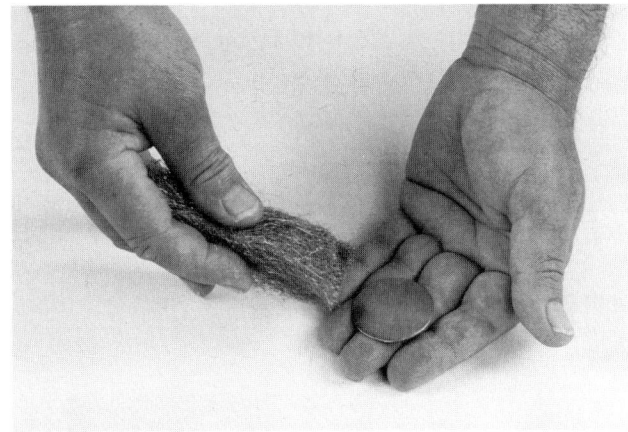

Die Kupferdrähte werden zur Reinigung kurz in eine Essig-Salz-Lösung (4:1) getaucht und unter klarem Wasser abgespült. Mit einer Kneifzange die Drähte auf die gewünschte Länge zurechtschneiden.

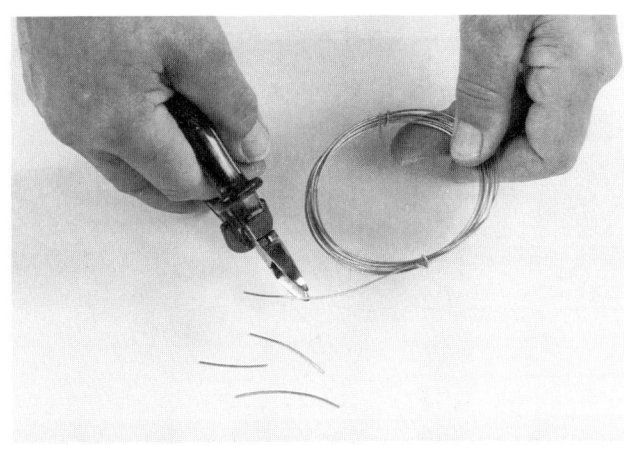

Legen Sie das Muster aus Stegformen mit einer Pinzette auf die gebrannte Emailschicht. Es läßt sich leichter arbeiten, wenn Sie auf die Glasur Haftmittel auftragen.

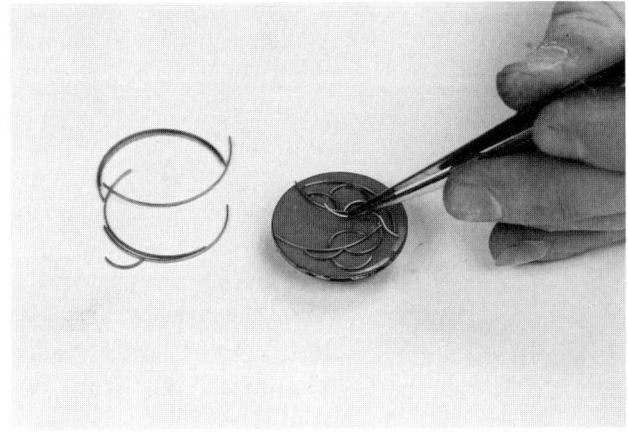

Das Werkstück brennen. Sofort nach dem Brand werden mit dem Spatel die Stege in den noch weichen Emailgrund gedrückt.

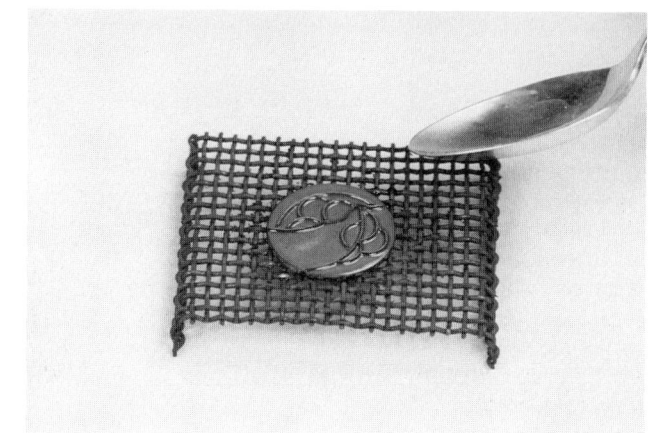

Nach dem Erkalten befreien Sie die Stege mit Stahlwolle von der Zunderschicht.

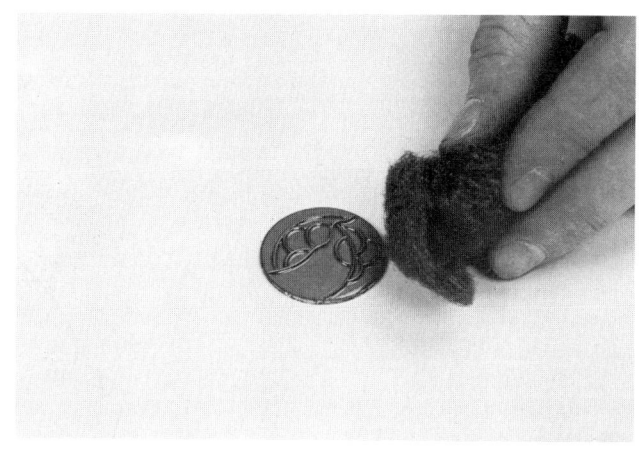

Blaues Opakemail, blaues Transparentemail und weißes Opakemail jeweils mit einigen Tropfen Wasser zu einem dickflüssigen Brei anrühren und mit dem Pinsel in die Drahtzellen füllen. Dabei muß für jede Farbe ein eigener Pinsel genommen werden.

Um überschüssiges Wasser aus dem Email zu ziehen, klopft man neben dem Werkstück leicht auf den Tisch. Mit Haushaltspapier kann nun das Wasser an der Oberfläche abgesaugt werden. Lassen Sie dann das fertige Teil in Ofennähe trocknen, bis das Wasser verdunstet ist.

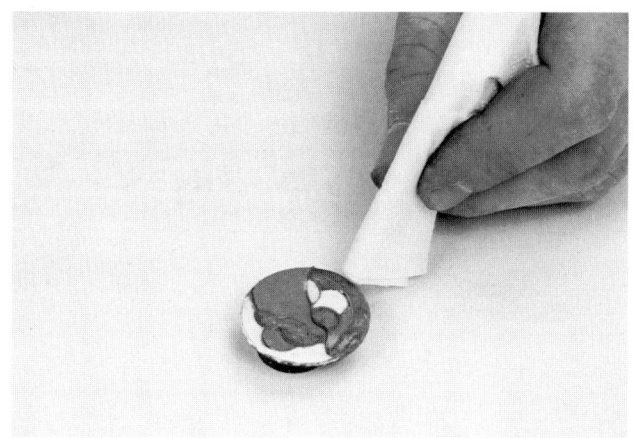

Das Werkstück wird gebrannt und der Zunder von den Stegen gefeilt. Nach diesem Arbeitsschritt gibt es zwei Möglichkeiten, die Brosche fertigzustellen. Wer eine Emailbrosche mit hochstehenden Drähten arbeiten möchte, überbrennt den Rohling nochmals kurz und säubert das fertige Teil.

Wer lieber eine glatte Oberfläche emaillieren möchte, füllt die Zellen mit Fondant auf, zieht das Wasser aus dem Emailbrei und trocknet das Teil.

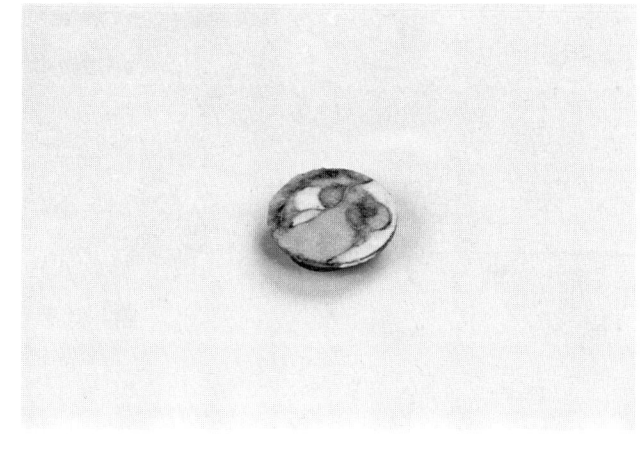

Nach dem Brand müssen alle Stege gut mit Email bedeckt sein.

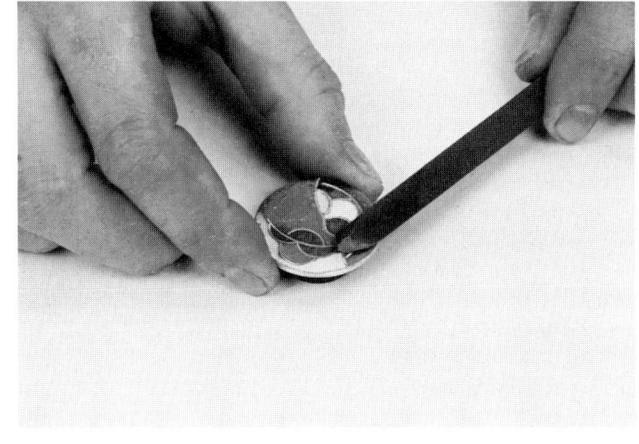

Das fertige Stück wird auf der Ansichtsseite mit der Karborundumfeile naß in naß geschliffen, bis die Stege und die Ränder ihren metallischen Glanz wieder zurückgewinnen.

Die Rückseite leicht anrauhen und mit Aceton reinigen. Mit Zweikomponentenkleber wird die Nadelbroschierung angeklebt.

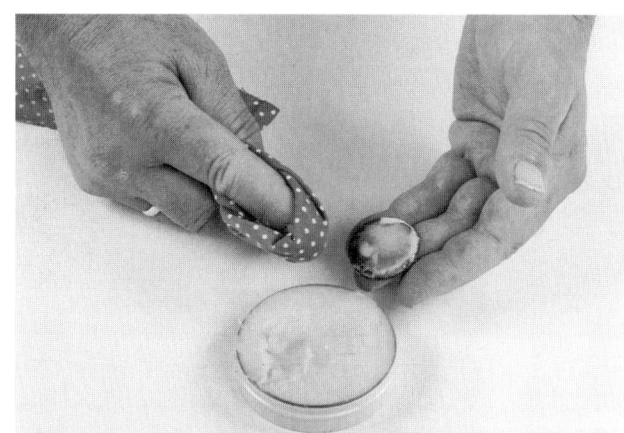

Mit Bienenwachs polieren Sie die Emailschicht, bis sie einen seidenmatten Schimmer bekommt.

Das fertige Werkstück. Mit Stegdrähten lassen sich auch Buchstaben und ganze Worte aufschmelzen. Dabei muß man allerdings sehr vorsichtig arbeiten, damit sich der Draht nach dem Aufbringen nicht wieder verschiebt.

Ziehtechnik: Das Ornament entsteht während des Brennprozesses.

Oben Stückenemail: Transparente Emailstücke wurden direkt auf den Rohling aufgesetzt.
Unten Dekorbildtechnik: Auch Anfänger werden mit dieser Technik Erfolge erzielen.

Ziehtechnik

Bei der Ziehtechnik entsteht das Muster nicht vor, sondern während des Brennvorgangs. Tragen Sie dazu auf einen mit einer Grundfarbe bestreuten Rohling häufchenweise Emailpulver auf. Sehr reizvolle Effekte erzielt man mit Brocken- oder Fadenemail. Das vorbereitete Werkstück wird auf einem rutschfesten Brennblech in den aufgeheizten Ofen gelegt. Die Spitze des Ziehhakens muß ebenfalls zum Glühen gebracht werden, weil sich sonst das flüssige Email nicht durchziehen läßt. Öffnen Sie den Ofen, sobald das Email zu schmelzen beginnt, und erhitzen Sie den Ziehstab an der Ofenwand. Anschließend wird die Spitze des Ziehhakens durch die geschmolzenen Farbhäufchen gezogen.
Es ist ratsam, sich vorher einzuprägen, wo die einzelnen Farben liegen, denn im geschmolzenen Zustand sind sie schwer auseinanderzuhalten. Das fertige Muster wird noch einmal kurz erhitzt, bevor Sie das Werkstück aus dem Ofen nehmen.

Dekorbildtechnik

Dekorbilder zum Einbrennen auf Email gibt es in verschiedenen Stilrichtungen in Bastelgeschäften zu kaufen. Das Motiv wird aus dem Bogen geschnitten und in lauwarmem Wasser eingeweicht, bis es sich von der Papierschicht löst. Legen Sie das Bild mit einer Pinzette auf das bereits in einer Grundfarbe gebrannte Kupferteil, und drücken Sie mit einem sauberen Tuch überschüssiges Wasser und Luftblasen heraus. Dabei immer von der Mitte aus nach den Rändern hin streichen. Anschließend muß das Stück mindestens vier Stunden bei Zimmertemperatur trocknen. Den Rohling dann etwa zwei Minuten bei 700°C brennen.
Je nach Fabrikat erfordern Dekorbilder eine unterschiedliche Handhabung. Einige Motive werden zum Beispiel auf dem vorbereiteten Werkstück in den kalten Ofen gestellt und langsam erhitzt, andere wiederum werden erst im vorgeheizten, aber abgeschalteten Ofen vorgebrannt. Deshalb auf jeden Fall die Gebrauchsanweisung beachten.

Stücken- und Splitter-,
Kugel- und Fadenemail

Neben der üblichen Pulverform ist Email noch in einer Vielfalt von anderen Formen im Handel. Stücken- und Splitter-, Kugel- und Fadenemail lassen sich sowohl untereinander kombinieren als auch in Verbindung mit Emailpulver verarbeiten. Sie behalten bei kurzer Brennzeit ihre Form und strukturieren die Glasur. Bei längerer Brennzeit glättet sich die Emailschicht, und die Formen zerfließen ineinander. Beide Möglichkeiten können reizvolle Effekte bewirken. Aufgelegt werden diese Emailsorten entweder direkt auf das blanke Metall des Emailträgers, auf eine naß oder trocken aufgebrachte Grundfarbe oder auf eine bereits gebrannte Glasur.

Mit *Kugelemail* werden abstrakte Formen und schöne Muster, aber auch Blumen und Bäume gelegt. Die Kugeln sind an einer Seite abgeflacht, damit sie während des Aufbringens mit der Pinzette nicht wegrollen. Beim Setzen ist zu beachten, daß sich die Kugeln während des Brennprozesses leicht vergrößern.

Stücken- und Splitteremail werden in verschiedenen Größen als Transparent- und Opakemail angeboten. Sie können jedoch auch selbst angefertigt werden. Erhitzen Sie dazu kurz die Emailschicht eines Fehlbrandes, und tauchen Sie das heiße Teil sofort in kaltes Wasser. Das Email splittert ab und kann wiederverwendet werden. Zu große Stücke werden in ein fusselfreies Tuch gewickelt und mit dem Hammer zerkleinert. Beim Brennen der unterschiedlich großen Splitter und Stücke entsteht eine wellige Oberfläche. Wer die Form der Splitter erhalten und trotzdem eine glatte Oberfläche brennen möchte, schleift die Emailbrocken naß in naß mit dem Karborundstein ab und brennt das Teil ein zweites Mal.

Fadenemail gibt es in verschiedenen Dicken und Längen zu kaufen. Es bietet die Möglichkeit, geometrische Formen und grafische Muster auf die Glasurfläche aufzubrennen. Für geschwungene Linien erhitzen Sie die Fäden kurz im Brennofen und biegen Sie mit zwei Pinzetten in die gewünschte Form. Die erkalteten Fäden werden in das Muster eingepaßt und gebrannt.

Oben Naßauftrag: Es genügen zwei Farben, um kraftvolle Wirkungen zu bekommen.
Unten Blattfolienemail: Eingelegte Silberfolie läßt Schmuckstücke leuchten.

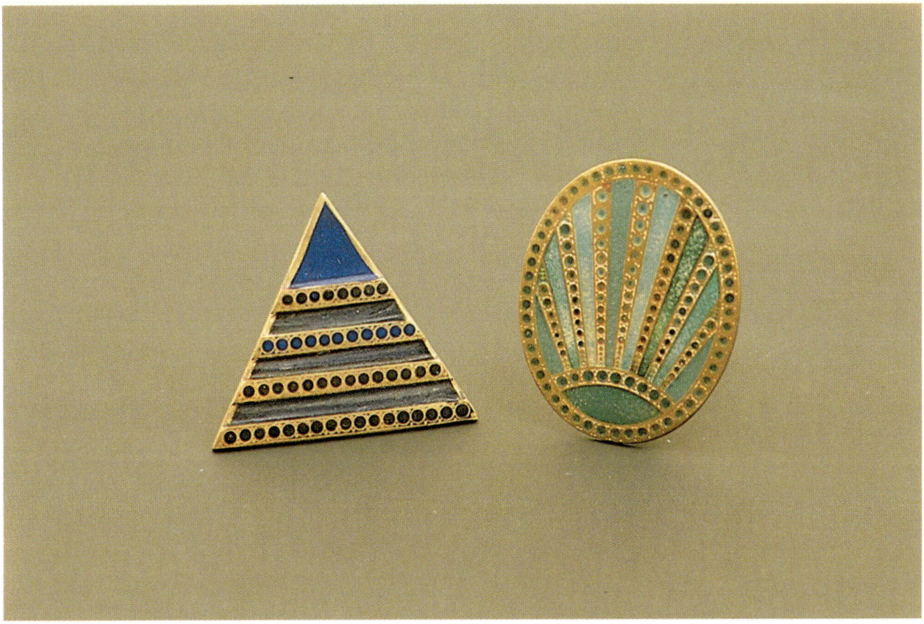

Oben Grubenschmelz mit Stegemail: In die Kupferstege wurden Kreise geätzt.
Unten Emailmalerei: Schmuckanhänger in der klassischen Emailmalerei.

Naßauftrag

Mit dem Naßauftrag lassen sich Farben klar abgegrenzt, aber dennoch weich verlaufend nebeneinandersetzen. Verrühren Sie dafür etwas Emailpulver mit destilliertem Wasser zu einem dickflüssigen Brei. Kein Leitungswasser verwenden, da es die Farben trübt.
Der nasse Emailbrei wird mit einem Pinsel auf das blanke oder mit Fondant vorgebrannte Metallstück aufgetragen. Für jede weitere Emailfarbe sollte jeweils ein frischer Pinsel genommen werden.
Klopfen Sie anschließend neben den fertig bemalten Rohlingen leicht auf den Tisch. Dadurch setzt sich das Email ab und das Wasser in dem Emailbrei steigt an die Oberfläche. Mit Haushaltspapier kann nun überschüssiges Wasser abgetupft werden. Vor dem Brennen muß das Stück noch so lange trocknen, bis alle Feuchtigkeit aus dem Emailbrei verdunstet ist.

Tausendblümchen

„Tausendblümchen" sind kleine, runde Emailscheiben, die auf der flachen Seite Rosetten-, Stern- und Ringmuster zeigen. Besonders Kindern macht es Spaß, sie auf kleine Schmuckanhänger aufzuschmelzen oder auf Kupferplatten, kombiniert mit Faden- und Kugelemail, zu Bildern zusammenzustellen. „Tausendblümchen" lassen sich denkbar einfach verarbeiten. Emaillieren Sie zuerst einen Rohling beidseitig und besieben Sie die Ansichtsfläche mit einer Grundfarbe. Das Blümchen wird mit einer Pinzette auf das Pulver gelegt und gebrannt. Je länger es im Ofen bleibt, desto mehr breitet es sich aus. Diese Eigenschaft muß besonders dann beachtet werden, wenn mehrere Blümchen dicht nebeneinanderliegen. Bei längerer Brennzeit beginnen Sie ineinanderzufließen.
Nach dem Brand wird das Stück mit dem Beschikkungsstab aus dem Ofen geholt und auf eine feuerfeste Platte gelegt. Lassen Sie es erst langsam bei Zimmertemperatur abkühlen, bevor Sie die Kanten mit Stahlwolle reinigen.

Sgraffitotechnik

„Sgraffito" kommt aus dem Italienischen und heißt soviel wie „Kratzen". Auf eine bereits gebrannte und abgekühlte Glasurschicht wird eine zweite Farbe aufgesiebt, und in die dünne Pulverschicht zeichnet man das Muster mit einem Pinselstiel, einem Streichholz oder einem Griffel ein. Die einzige Schwierigkeit dieser Technik besteht darin, daß die Hand dabei nicht aufgestützt werden darf, denn sonst würde der Handballen das Pulver verwischen. Nach dem Brand erscheint das Motiv in der zuerst aufgebrachten Farbe, während die zweite Farbe den Hintergrund bildet. Nehmen Sie einen hellen Grund für dunkle Motive und einen dunklen Grund für helle Motive. Interessante Effekte ergeben sich auch, wenn Sie die Sgraffitotechnik mit anderen Techniken, zum Beispiel mit Stegemail, verbinden.

Blattfolienemail

Die einzigartige Ausstrahlung emaillierter Arbeiten liegt zum großen Teil in der Leuchtkraft transparenter Farben. Durch eine Silber- oder Goldfolieneinlage kann diese Wirkung noch verstärkt werden. Wie bei einem Edelstein scheint hierbei das Licht aus dem Inneren des Stückes zu kommen.
Streuen Sie für die Blattfolientechnik auf den Metallträger zuerst eine dünne Fondantschicht auf, und brennen Sie das Teil. Die Blattfolie (kein Stanniolpapier verwenden) zwischen Seidenpapier legen und mit einer scharfen Schere in der gewünschten Größe zurechtschneiden. Anschließend wird die Folie auf die abgekühlte Fondantglasur gelegt und vorsichtig glattgestrichen. Es läßt sich leichter arbeiten, wenn Sie die Glasur vorher dünn mit Haftmittel bestreichen. Sobald die Folie überall flach aufliegt, werden mit einer feinen Nadel kleine Löcher hineingestochen, damit während des Brennvorgangs Luft und Feuchtigkeit entweichen können. Überstreuen Sie dann das Werkstück gleichmäßig mit Transparentpulver, und brennen Sie es, bis das Email schmilzt.

Naßauftrag: Wie alle Steilwandgefäße mußte auch diese Dose vor dem Aufbringen des Emails mit Haftmittel bestrichen werden. Die besondere Schwierigkeit bestand jedoch vor allem darin, die Innenwände der Dose gleichzeitig und ebenso sorgfältig wie die Außenwände zu emaillieren.

Schwenktechnik: Deutlich ist die Laufrichtung der Farben zu erkennen.

Schwenktechnik

Diese Technik ist eine Abwandlung des Naßauftrags. Nur wird hierbei das Muster nicht mit dem Pinsel gezogen, sondern es entsteht durch Schwenken des Werkstücks. So können Sie zwar die Farben, nicht aber das endgültige Aussehen der Glasur bestimmen. Für die Schwenktechnik eignen sich am besten leicht gewölbte Schalen. Rühren Sie mindestens zwei verschiedene Farben mit destilliertem Wasser und Haftmittel jeweils zu einem nicht zu dickflüssigen Emailbrei an, und häufen Sie die Farbmassen an verschiedenen Stellen auf die Innenfläche der gereinigten Schale. Anschließend wird das Stück mit kreisförmigen Bewegungen in der Hand geschwenkt. Der Emailbrei läuft dadurch in Spiralen zusammen. Sollte sich etwas Farbe vom Rand gelöst haben, kann die Fehlstelle mit etwas Emailfarbe noch ausgebessert werden. Das fertige Werkstück trocknen und wie gewohnt brennen.

Grubenschmelz

Jahrhundertelang gehörte der Grubenschmelz neben dem Stegemail zu den wichtigsten Techniken der Emaillierkunst.

Streichen Sie zuerst einen etwa 2 mm starken Kupferrohling beidseitig mit Asphaltlack ein, und lassen Sie ihn mindestens vier Stunden trocknen. In den hart gewordenen Asphaltlack wird mit einem spitzen Gegenstand das Muster eingeritzt. Setzen Sie dann eine Eisenchloridlösung in einem möglichst dunklen Plastikeimer an. Dabei das Eisenchlorid immer dem Wasser zufügen, nie umgekehrt. Den vorbereiteten Rohling mit der Ansichtsseite nach unten in die Lösung tauchen und auf kleinen Holzstücken ablegen. Wichtig: Benutzen Sie beim Arbeiten mit der Eisenchloridlösung stets Gummihandschuhe. Nach etwa zwölf Stunden wird das Werkstück aus der Ätzlösung genommen und der Asphaltlack mit Terpentin abgewaschen. Das Teil zum Ausglühen (siehe S. 26) kurz in den Brennofen schieben, abschrecken und vom Zunder befreien. Füllen Sie die Gruben mit Naßemail, und brennen Sie das Stück wie üblich. Nach dem Abkühlen werden die überstehenden Metallflächen geschliffen und mit farblosem Lack überzogen.

Emailmalerei

Seitdem sie vor 400 Jahren entdeckt wurde, ist die Emailmalerei aus der Kunst des Emaillierens nicht mehr wegzudenken. Wer gerne zeichnet, kann mit dieser Technik wunderschöne Bilder mit zarten Linien herstellen. Im Unterschied zum Naßauftrag bleiben die Konturen scharf, und selbst feine Striche verwischen nicht. Bei der Emailmalerei wird mit Metalloxid- oder Schmelzfarben gearbeitet, die aus der Porzellanmalerei kommen. Die Schmelzfarben werden mit Sandelholzöl angerührt und mit dem Pinsel aufgetragen. Es gibt zwei verschiedene Möglichkeiten, um die Emailmalerei auszuführen:

Für die Aufglasurmalerei wird das Motiv auf eine bereits gebrannte Emailschicht gezeichnet. Da die Schmelzfarben kaum Deckungskraft haben, benutzt man eine weiße oder nur zart getönte Grundfarbe. Nach einem Tag Trockenzeit wird das Stück bei etwa 700°C gebrannt. Die Ofentür dabei offenlassen, damit sich die letzten Ölbestandteile nicht trübend auf die Glasur setzen.

Für die Unterglasurmalerei zeichnen Sie direkt auf den gereinigten Rohling und brennen die Zeichnung nach 24 Stunden Trockenzeit ein. Danach wird eine Fondantschicht aufgepudert und ebenfalls gebrannt.

Haftmitteltechnik

Wie sich auch mit wenig Aufwand wirkungsvolle Effekte erzielen lassen, zeigt die Haftmitteltechnik. Zuerst wird der Rohling von sämtlichen Schmutz- und Fettspuren befreit und auf beiden Seiten mit einfarbigem Emailpulver bestreut. Dann das Werkstück brennen und abkühlen lassen. Malen Sie mit Haftmittel ein Motiv auf die glasierte Ansichtsfläche, und bestreuen Sie das Teil gleichmäßig mit einer zweiten Farbe. Den Metallträger umdrehen und so lange schütteln, bis sämtliches Pulver, das nicht am Haftmittel klebt, herabgefallen ist. Das Werkstück noch einmal brennen. Bei dieser Technik muß schnell gezeichnet werden, da sonst das Haftmittel getrocknet ist und kein Pulver mehr aufnimmt.

Oben Steine fassen: Stein und Email bilden eine Einheit.
Unten Steine fassen: Der Stegdraht gibt dem Stein zusätzlichen Halt.

Oben Metallteile aufschmelzen: Mit Kupferstücken wurden Reliefmuster aufgebrannt.
Unten Glasstücke einschmelzen: Glaskugeln wirken am besten auf Transparentemail.

Emailarbeiten mit Stein, Glas und Metall

Steine fassen

Natürlich wird von Ihnen nicht verlangt, Goldschmiedearbeit zu leisten. Dennoch können Sie ein schön gemasertes Mineral oder auch einen kleinen Edelstein in ein emailliertes Schmuckstück einarbeiten.
Die einzige Bedingung: Der Stein muß die Form eines Cabochons haben; er muß also unten glatt und oben gewölbt sein. Bevor Sie mit der Arbeit beginnen, schauen Sie sich Form und Farbe Ihres Steins genau an, und wählen Sie den zu ihm passenden Rohling und die mit ihm harmonierenden Emailfarben aus. Hierbei macht es sich bezahlt, wenn Sie bereits gebrannte Probestücke jeder Ihrer Pulverfarben vorliegen haben.
Emaillieren Sie zuerst den Rohling mit einer dünnen Fondantschicht. Die Glasur wird mit Haftmittel bestrichen und der Stein aufgelegt. Dann ein Stück flachen Kupfer- oder Silberdraht zurechtschneiden, dicht um den Stein legen und auf das Haftmittel drücken. Der Stein wird wieder entfernt und der Draht eingebrannt. Bestreuen Sie das abgekühlte Werkstück mit der von Ihnen ausgesuchten Emailfarbe, und brennen Sie das Teil noch einmal. Nach dem Brand wird der Stein mit Zweikomponentenkleber in die Drahtfassung des Schmuckstücks geklebt. Das Teil säubern und die Broschierung auf der Rückseite aufkleben.

Metallteile aufschmelzen

Metall muß nicht nur als Trägermaterial dienen. Es kann auch genausogut auf die Emailschicht aufgeschmolzen werden. Mit aufgelegten Metallbuchstaben lassen sich zum Beispiel Türschilder herstellen, und mit kleinen geometrischen Kupferformen kann man Gürtelschließen und Schlüsselanhänger verzieren.
Im Hobbygeschäft sind die Buchstaben und die Metallformen erhältlich. Sie können jedoch auch die „Innereien" einer alten Uhr verwenden oder sich die Formen selbst aus Kupferblech ausschneiden.
Für diese Technik wird zuerst eine Grundfarbe auf den Kupferrohling gebrannt. Legen Sie die Metallteile auf, und brennen das Werkstück ein zweites Mal. Nach dem Abkühlen werden die Metallteile geschliffen und poliert. Dabei nicht die Emailschicht berühren.
Zum Schluß werden die Metallstücke mit Klarlack gestrichen, oder man überpudert sie mit Fondant und brennt das Teil nochmals.

Glasstücke einschmelzen

Wie bereits gesagt, ist Email ein Spezialglas, das eigens dafür hergestellt wurde, nach dem Brand eine feste Verbindung mit einem Metallträger einzugehen. Normale Glasstücke besitzen diese Fähigkeit nicht.
Sie können aber in die Emailmasse mit eingeschmolzen werden. Gut geeignet sind dafür unter anderem Scherben von alten Weinflaschen, Glasperlen und Buntglassteine. Zum Emaillieren wird die Ansichtsseite des vorbereiteten Rohlings mit Haftmittel bestrichen und mit einer Grundfarbe besiebt. Die Glasscherben auflegen und das Teil brennen.
Emailarbeiten mit eingeschmolzenen Glasstücken leben von der plastischen Struktur der Oberfläche und dem Zusammenspiel des Emails und der Steine. Es ist nicht einfach, diese Elemente aufeinander abzustimmen. Um zu vermeiden, daß sie sich gegenseitig erschlagen, sollte man sich ein Merkmal heraussuchen, beispielsweise eine besonders schöne Glasscherbe, und darauf die Komposition aufbauen.

Fehlerquellen

Farbflecke in der Glasur

Ursache:
Das Haftmittel war zu dickflüssig oder zu alt.
Beseitigung:
Die Flecken lassen sich nicht ausbessern.

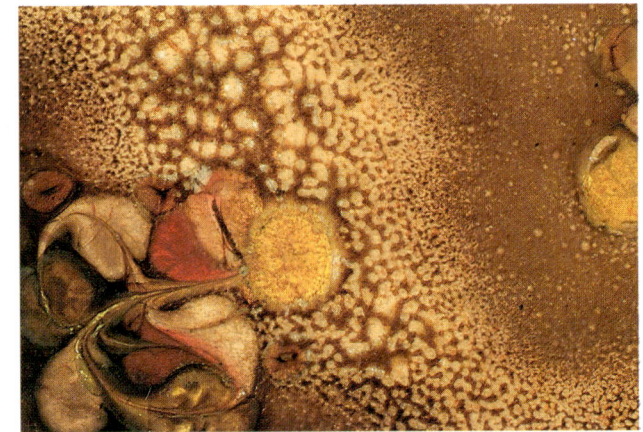

Opakes Email löst sich vom Rand

Ursache:
Der Brand war zu stark.
Beseitigung:
Die Kanten mit der Karborundfeile abfeilen, erneut Puder auftragen und das Teil brennen.

Transparentes Email löst sich vom Rand

Ursache:
Die Hitze war zu groß.
Beseitigung:
Bei transparentem Email lassen sich Fehler in der Glasur nicht mehr beheben.

Schwarze Löcher und Poren

Ursache:
Das Werkstück wurde zu lange gebrannt.
Beseitigung:
Bei opakem Email die Löcher säubern, neu bestreuen und brennen.

Risse im Email

Ursache:
Der Emailauftrag war zu dick oder zu unregelmäßig.
Beseitigung:
Das Werkstück gegenemaillieren und nachbrennen. Es sollte langsam, möglichst in Ofennähe abkühlen.

Die Oberfläche ist rauh und uneben	*Ursache:* Das Email wurde zu kurz oder zu schwach gebrannt. *Beseitigung:* Das Werkstück noch einmal heißer brennen.
Blasen in der Glasur	*Ursache:* Der Emailauftrag war noch nicht trocken und das Restwasser verdunstete während des Brennvorgangs. Es besteht aber auch die Möglichkeit, daß sich auf dem Rohling noch Spuren von der Reinigungslösung befanden, die zur Gasbildung während des Brandes führten. *Beseitigung:* Die schadhaften Stellen vorsichtig abschleifen und säubern. Auf die Schleifstellen erneut Pulver auftragen und brennen.
Transparente Emails werden trüb	*Ursache:* Der Emailauftrag wurde zu lange und bei zu niedriger Temperatur gebrannt, oder es wurde zu altes, nicht geschlämmtes Emailpulver verwendet. *Beseitigung:* Das Werkstück bei hoher Temperatur (mindestens 850°C) noch einmal brennen.
Opake Emails verfärben sich oder werden transparent	*Ursache:* Opake Emails können durch zu starke Hitze ihre Farbe und ihren Zustand ändern. *Beseitigung:* Das Werkstück bei niedrigerer Temperatur nochmals brennen.
Farbflecken in der Glasurschicht	*Ursache:* Es wurde nicht sauber genug gearbeitet. Emailreste anderer Farben sind über den Pinsel oder die Streudose auf den Metallträger gelangt. *Beseitigung:* Die Farbflecken mit der Karborundfeile abschleifen, das Werkstück überpudern und brennen.
Dekorbilder lösen sich von der Emailschicht	*Ursache:* Nicht ganz sauberes Weichwasser oder Schmutzrückstände auf der Glasur können ein gleichmäßiges Einbrennen eines Dekorbildes verhindern. *Beseitigung:* Das Bild läßt sich nicht mehr einbrennen. Es muß abgekratzt und die Emailschicht gereinigt werden. Danach können Sie ein neues Bild aufbrennen.

Email springt ab	*Ursache:* Auf dem Metallträger befanden sich noch Schmutz- oder Fettrückstände, das Gegenemail wurde vergessen oder der Emailauftrag war zu dick. *Beseitigung:* Email auf die Fehlstellen auftragen und nochmals brennen. Gegenemail aufbringen.
Eingeschmolzene Glasscherben lösen sich	*Ursache:* Entweder wurde ohne Gegenemail gebrannt, oder die Glasteile lagen zu dicht aneinander. *Beseitigung:* Eine dünne Fondantschicht auf die Vorderseite stäuben und das Teil neu brennen. Sobald die Emailschicht flüssig wird, mit dem Ziehhaken die Glasstücke auseinanderschieben.
Grüne Flecken in weißem Email	*Ursache:* Auf einen Kupferträger aufgeschmolzenes weißes Email weist bei Überhitzung grüne Oxidflecken und -ränder auf. *Beseitigung:* Das Werkstück überpudern und bei niedrigerer Temperatur noch einmal brennen.
Drahtstege halten nicht	*Ursache:* Der Rohling wurde nicht gegenemailliert, das Werkstück wurde beim Einlegen in den Ofen erschüttert oder das Teil wurde zu rasch abgekühlt. *Beseitigung:* Das Teil nochmals brennen und die Stege mit dem Spatel in den noch flüssigen Emailschmelz drücken.
Emailreparaturen	Ein emailliertes Stück kann durch einen harten Schlag Risse bekommen. Durch kurzes Überbrennen läßt sich der Schaden leicht wieder beheben. Auch wenn Splitter herausgebrochen sind, läßt sich das Stück häufig noch retten, indem auf die Bruchstelle Email aufgetragen und das Stück erneut gebrannt wird.
Wiederverwendung mißlungener Emailstücke	Fehlbrände brauchen nicht weggeworfen zu werden. Brennen Sie das Werkstück noch einmal, und tauchen sie es in heißem Zustand in kaltes Wasser. Das Email läßt sich jetzt leicht abklopfen und als Gegenemail weiterverwenden. Auch das Metall wird gesäubert und kann wieder neu beschichtet werden.

Anhang

Die folgenden Firmen haben uns bei der Arbeit an diesem Buch tatkräftig unterstützt:

Emailzubehör und Brennöfen
Lothar Karmoll KG
Industriestr. 80 – 82
7530 Pforzheim 13

Kupferschalen in verschiedenen Größen
Olaf Sander
Antoniestr. 85
4200 Oberhausen

Wir danken folgenden Künstlern, die ihre Emailarbeiten zur Verfügung gestellt haben:

Olaf Sander, Oberhausen
(S. 36 / 37, 45 unten, 48 / 49 oben, 52, 53)

Monika Verbeck, Duisburg
(S. 28 / 29, 44, 45 oben, 57)

Irmtraut Westmüller, Rehburg-Loccum
(49 unten, 56)